LE FRÈRE
YVON GUYONWARCH

DE LA COMPAGNIE DE JÉSUS

SIMPLE BIOGRAPHIE

PAR

Le P. Xavier-Auguste SÉJOURNÉ

DE LA MÊME COMPAGNIE

LIBRAIRIE H. OUDIN, ÉDITEUR

PARIS | POITIERS
51, RUE BONAPARTE, 51 | 4, RUE DE L'ÉPERON, 4

1882

LE FRÈRE
YVON GUYONWARCH

DE LA COMPAGNIE DE JÉSUS.

LE FRÈRE
YVON GUYONWARCH

DE LA COMPAGNIE DE JÉSUS

SIMPLE BIOGRAPHIE

PAR

Le P. Xavier-Auguste SÉJOURNÉ

DE LA MÊME COMPAGNIE

LIBRAIRIE H. OUDIN, ÉDITEUR

PARIS	POITIERS
51, RUE BONAPARTE, 51	4, RUE DE L'ÉPERON, 4

1882

AVANT-PROPOS

Bien des fois, pendant que vivait le saint religieux auquel nous consacrons ces pages, ses frères, frappés de sa sainteté et désireux d'en transmettre le souvenir, tentèrent, par de pieuses industries, d'en surprendre les secrets. Mais, inutiles efforts, le Frère Yvon semblait en garde contre les questions indiscrètes et éludait avec adresse les réponses si vivement désirées. Un jour cependant (c'était en 1842), l'interrogateur fut-il plus habile, le bon Frère moins défiant? nous l'ignorons ; mais plus d'un détail de cette vie obscure et cachée lui fut dérobé Les souvenirs de ces conversations intimes, quelques notes écrites par des amis non moins remplis d'admiration que de sage prévoyance, des traditions de pays et de famille, jointes à des témoignages personnels, voilà les sources auxquelles nous avons puisé les éléments de cette notice.

Elle est attendue depuis douze ans, sans que jamais la nature et la multiplicité de nos travaux nous aient permis d'y mettre la main. Nous avons pu, durant les jours mauvais que nous traversons, sous le toit hospitalier qui abrite les expulsés du 30 juin 1880, la commencer et la finir. Dieu en soit loué !

Puisse-t-elle, si tardive qu'elle soit, répondre aux vœux de nos amis et de nos frères ! Puisse-t-elle augmenter encore la religieuse vénération qui s'attache au nom et aux vertus de l'humble portier du collège de Vannes.

Angers, 16 mars 1881,
douzième anniversaire de la mort du Frère Yvon.

LE FRÈRE
YVON GUYONWARCH

DE LA COMPAGNIE DE JÉSUS.

CHAPITRE PREMIER

YVON AVANT SON ENTRÉE DANS LA VIE RELIGIEUSE.

Yves ou Yvon Guyonwarch est né le 20 octobre 1785, à Kervignac, bourg considérable, situé près du Port-Louis (Morbihan), dans une humble maison, abritée aujourd'hui encore par l'église de la paroisse. Le même jour aussi, et cet empressement révélait la foi de sa pieuse mère, il recevait le saint baptême des mains de M. Rio, Recteur de Kervignac, et avait pour parrain Yves Dano, pour marraine Louise Borne, sa tante maternelle. Descendait-il, comme on l'a dit souvent, d'une famille riche que le malheur des temps aurait ruinée? Serait-il vrai qu'un tuteur infidèle eût porté la main sur la fortune de sa grand'mère? C'est ce qu'il sera toujours difficile d'éclaircir. Ces conjectures reposaient, tout à la fois, sur certaines paroles du Frère Yvon, et sur les relations que conserva toujours avec lui une noble famille de Bretagne, regardée comme l'héritière de ses grands-parents. Les rares qualités de son esprit et de son cœur ne démentaient pas non plus une telle origine. Mais des indications plus précises seraient téméraires et ne donneraient pas une plus grande valeur à la réponse suivante qui s'explique d'elle-même. On disait un jour au Frère Yvon : « Que seriez-vous devenu, si vous eussiez été riche ? — Je ne serais peut-être pas religieux, répliqua-t-il, raison de plus pour reconnaître le bienfait de ma vocation. »

Quoi qu'il en soit, son père François Guyonwarch de Languidic n'était qu'un simple tailleur ; sa mère Marie Borne, de Kervignac, mariée depuis le 10 février 1783, demeura veuve de bonne heure et vécut toujours fort pauvre. L'un et l'autre donnèrent à leur fils une éducation vraiment chrétienne, et pendant sa vie tout entière Yvon répétera qu'il n'a rencontré au foyer domestique que des exemples de vertu.

Nous savons peu de chose de sa première enfance, et le trait suivant que n'avaient point encore oublié, il y a quelques années, les vieillards de Kervignac, est le seul dont nous ayons pu recueillir les détails. On était en 1793, et en Bretagne comme ailleurs, la révolution cherchait à faire des prosélytes. Autour d'un arbre de la liberté planté sur la place de l'église de Merlevenez, village voisin, se réunissaient les rares patriotes du pays. Mais la foule était nécessaire, et pour la grossir, tous les moyens étaient bons. Les hommes faisant défaut, c'était aux enfants qu'on s'adressait et qu'on distribuait de l'argent pour danser devant l'emblème de la République.

Yvon, qui avait alors 10 ans, reçoit, ainsi que les autres, ses 10 sous pour concourir à la joie commune; mais il est aussitôt dénoncé à sa mère, qui, du plus loin qu'elle l'aperçoit, lui crie : Viens, que je te donne 10 sous pour aller en pareille compagnie, et s'armant d'une sorte de fouet, elle en frappa le petit coupable, dont la contrition devint bientôt parfaite.

Si, dans l'intérieur de la famille, Yvon trouvait des soutiens pour sa vertu naissante, il n'en était pas de même au dehors. L'église de Kervignac était fermée, et bien que quelques prêtres fussent restés dans la contrée, leur petit nombre rendait difficile la pratique des devoirs du christianisme. Combien de fois il arriva qu'Yvon, c'est lui-même qui l'a raconté, fut obligé de faire cinq, six et même sept lieues pour pouvoir assister à la messe ! « Quand on a la messe à sa porte, dans sa cham-
« bre, en quelque sorte, disait-il plus tard, on se
« plaint encore de la longueur de la route, et nous
« autrefois, il nous fallait faire jusqu'à sept lieues

« pour rencontrer un prêtre et assister au saint
« sacrifice. Loin de nous plaindre, nous nous esti-
« mions heureux de jouir, même à ce prix, d'une
« si grande faveur ». De longues années s'écoulè-
rent donc avant qu'il pût faire sa 1re communion ;
ce bonheur, il ne l'obtint même qu'à l'âge de 16 ans
environ. Son instruction chrétienne toutefois ne
fut point négligée ; car, sans parler des leçons ma-
ternelles, il recevait celles des amis de sa famille
qui, le soir, à son retour des champs, où il avait
gardé les troupeaux, se plaisaient à lui enseigner
les vérités de la religion. Parmi ces dévoués caté-
chistes se trouvait un jeune homme nommé Rio,
pour lequel Yvon garda toute sa vie une profonde
reconnaissance. Quand, en 1801, l'espérance de
faire sa 1re communion lui fut enfin permise, il se
trouva le plus instruit de tous ses camarades.
L'examen préparatoire avait lieu dans une maison
de Kervignac qui servait d'église. Le bon curé se
faisait aider dans son œuvre par un sacristain fort
intelligent, mais qui harcelait de questions l'enfant
tout ému et tout tremblant. « Assez comme cela,
interrompit vivement le prêtre, il en sait plus que
vous tous. » Quand le Frère Yvon racontait cette
petite scène, il avait coutume d'ajouter : « la grâce
de Dieu y était, vous le comprenez bien ». Du reste,
pour reconnaître les soins dont il avait été l'objet,
il devint catéchiste à son tour. Compléter l'instruction chrétienne des plus ignorants faisait son bon-

heur, et longtemps dans Kerviguac on a retenu cette formule qui lui était familière : « Le caté-« chisme nous dit qu'il n'y a qu'un seul Dieu »; — « le catéchisme nous dit qu'il y a sept sacrements », etc.

Le grand jour était enfin arrivé, mais il se ressentait, hélas ! des tristesses de l'époque, car c'est dans une étable que le prêtre fut réduit à entendre les confessions des premiers communiants. Vêtu de toile, suivant la coutume du pays, il était assis sur un fagot, et les pénitents s'agenouillaient sur la paille, détails touchants qui attendrissaient encore le Frère Yvon soixante ans plus tard. La messe de 1re communion fut célébrée dans la grange de Boulard, au hameau de Locmaria. De nombreux fidèles s'y trouvaient rassemblés, et plusieurs reçurent en ce jour la bénédiction nuptiale ou firent administrer le sacrement de baptême à leurs enfants.

Yvon ne fut point infidèle à la grâce qu'il avait obtenue. Il continua d'apprendre le métier de tailleur chez un maître qui lui offrait le modèle des vertus chrétiennes, et il s'efforça lui-même de les mettre en pratique. Aussi ne tarda-t-il point à passer pour un saint. On remarquait déjà que jamais il ne levait la tête en travaillant et ne répondait que le strict nécessaire. Bien qu'il se levât habituellement vers deux heures du matin, c'est pendant son apprentissage qu'il contracta l'habitude du jeûne presque quotidien. Sitôt qu'il pouvait disposer de quelques instants, il se retirait à l'église pour prier, et c'est là qu'on se plaisait à le contempler toujours à genoux, car « il ne savait pas s'asseoir », disait-on. Le dimanche surtout, il était d'une admirable fidélité à ses devoirs religieux. Il se rendait à l'église vers les neuf heures, y recevait la sainte communion, et n'en sortait plus avant midi. Après les offices du soir, il se joignait à quelques amis et conversait avec eux. Un vieillard du pays retiré, dans ses dernières années, chez les Sœurs de Sainte-Hélène, François Jaffré, rappelait encore en 1869 ces douces réunions et le bien qu'elles faisaient à tous. « Quel homme, ajoutait-il, que ce cher Yvon ! qu'il serait à désirer que tout le monde lui ressemblât ! »

Ce n'était pas le dimanche seulement que s'exerçait cette influence salutaire, mais aussi pendant la semaine, à l'atelier de son maître, et dans les veillées, où sa présence était toujours réclamée. Un soir, dans l'une des maisons du bourg, il y avait réunion nombreuse. On travaillait, qui de l'aiguille, qui du fuseau; d'autres lisaient, écrivaient ou conversaient. Bientôt survinrent deux jeunes gens de Locmaria, qui, après avoir parlé de choses indifférentes, changèrent peu à peu de discours, et tinrent enfin de mauvais propos. Yvon, sans rien dire, ramassa son ouvrage et partit. La maîtresse de la maison, désolée, voulait chasser sur l'heure ceux qui, par la licence de leur langage, avaient provoqué cette fuite précipitée. Il faut les contraindre à ne plus revenir, s'écriait-elle. Aussitôt une jeune fille, du nom de Leroux, apercevant dans l'angle du foyer un fer à cheval, le place, sans rien dire, au milieu du brasier, et l'introduit ensuite tout brûlant dans la poche de l'un des jeunes effrontés. C'était leur signifier de la manière la plus expressive le sentiment de répulsion soulevé par leur conduite et les forcer au départ. Aussi l'assemblée tout entière applaudit et se déclare énergiquement contre les coupables. Ceux-ci, couverts de confusion, s'éloignent à la hâte, au milieu des railleries et des apostrophes les plus sanglantes, et Yvon est ramené en triomphe. La jeune fille, devenue plus tard la mère Codan, prenait encore plaisir, tout octogénaire qu'elle était, à raconter cet exploit de sa jeunesse et se félicitait d'avoir, par son stratagème, contribué à rendre plus éclatante la vertu du saint jeune homme.

Ainsi s'écoulaient les jours et les années, dans une vie de travail, de prière et de sacrifice, quand arriva le 20 mars 1815. Le retour de l'île d'Elbe provoqua parmi les chouans du Morbihan une indignation générale. L'insurrection éclata. Yvon prit part à la levée de boucliers et suivit la petite armée royale. A ses yeux, combattre était tout à la fois un honneur et un devoir, convaincu qu'il était que défendre la cause du roi, c'était défendre la cause de Dieu et de la religion. Et il se flattait bien que si la mort devait le frapper sur le champ de bataille, il recevrait dans un monde meilleur la récompense de son dévouement. D'ailleurs, dans les camps comme au village, il était resté fidèle à ses principes religieux, il n'avait jamais perdu de vue ni Dieu, ni la sainte Vierge, ni sainte Anne. Il recherchait de préférence ceux qui partageaient ses sentiments, et les uns et les autres ainsi réunis s'encourageaient à éviter tous les actes qui auraient pu les déshonorer. Après le combat, chacun se retirait; mais, à peine seul, Yvon se jetait à genoux et remerciait Dieu de lui avoir conservé la vie. S'il n'avait pas tué de bleus, c'était sa persuasion, il avait du moins, en plus d'une rencontre, fait preuve d'énergie, et mérité de ses compagnons d'armes le surnom de « subtil ». Il avait aussi rallié des soldats à la cause qu'il défendait, et sur la demande de ses chefs, était retourné à Kervignac pour y faire quelques recrues. Un heureux succès couronna sa démarche. De tous les souvenirs de cette campagne, il en est peu qui n'aient échappé à l'oubli; en voici un cependant qui nous est confirmé par des témoignages trop respectables pour que nous le passions sous silence. Un jour qu'un détachement de la petite armée se dirigeait vers Plœmel pour y chercher du pain, notre volontaire s'était un instant écarté de la route. Le lieutenant-colonel Rohu l'aperçoit, et le prenant pour un déserteur, court après lui, le sabre à la main. Yvon, s'imaginant à son tour qu'on en voulait à sa vie, ajuste son fusil et allait tirer : Tu le ferais? lui cria le colonel. — Comme je vous le dis, répliqua l'intrépide soldat.

C'est à cette époque des Cent-Jours que le tribunal militaire de Lorient le fit poursuivre comme réfractaire et le condamna à mort.

Quand, plus tard, le frère Yvon, cédant aux instances de ses amis, entamait le chapitre de son passé plus ou moins belliqueux, tout en lui reprenait vie, son petit bonnet s'agitait sur sa tête et bientôt n'y trouvait plus place.

Toutes ces luttes de la chouannerie se terminèrent par la grande réconciliation qui eut lieu à Vannes, sur la rabine du port. Mgr de Bausset-Roquefort célébra la messe devant les deux camps, et la paix fut définitivement signée entre le général royaliste de Sol de Grisolles et le général Rousseau. Yvon tint à honneur de clore la série de ses travaux militaires en participant à cet acte de foi [1]. Alors seulement il reprit la route de Kervignac. De retour au pays, l'humble ouvrier saisit de nouveau son aiguille, et du travail de ses mains il vint en aide à sa mère, à sa sœur, à un vieil oncle très infirme, enfin à une parente qui plus tard se fit

---

1. Voir *Dictionnaire des grands hommes de la Bretagne; Histoire de la Petite Chouannerie,* par Rio.

religieuse et mourut Fille de la Sagesse à Belle-Ile-en-Mer.

Toujours fidèle chrétien, il se demandait parfois ce qu'il prétendait faire au milieu du monde avec les sentiments religieux que Dieu lui avait conservés. Yvon, se disait-il à lui-même, tu ne pourras jamais ou du moins que très difficilement te sauver, si tu restes dans ta famille. Avec ton état de tailleur ambulant tu seras toujours très exposé, et ton âme que deviendra-t-elle? Une mission qui eut lieu à Kervignac le confirma davantage encore dans ses pensées de vocation. Il avait bien entendu parler de la vie religieuse, mais vaguement, et malgré sa résolution de se consacrer à Dieu, il ne savait à quel parti s'arrêter. Sur ces entrefaites, quelques notions plus précises sur le Tiers-Ordre des Carmes ouvrirent à ses désirs une voie nouvelle. Bientôt en effet, avec sept autres jeunes gens animés de dispositions semblables aux siennes, il prononçait ses vœux de tiertiaire, et sous le nom de Frère Saint-Joseph, il suivit, pendant près de 10 ans, toutes les observances de la règle austère qu'il avait embrassée. Cette vie d'abstinence et de mortification allait d'ailleurs à ses goûts, et s'il excédait en quelque chose, c'était plutôt en ajoutant encore à ses pénitences. La ferveur du néophyte était donc grande, et cependant il cherchait toujours, sans y parvenir, à enchaîner sa vie par des liens plus étroits. Il avait, dans cette pensée, après la mort de sa mère, arrivée le 19 mars 1820, frappé à la porte de l'ancienne Chartreuse d'Auray, où pendant 2 ans il demeura comme domestique au service des Sœurs de la Sagesse. Mais là encore ne pouvait s'ouvrir pour lui l'avenir qu'il souhaitait. Il revint à Kervignac, plus résolu que jamais à mettre un terme à ses hésitations. C'est alors que son Recteur lui parla des Jésuites qui dirigeaient le petit séminaire de Sainte-Anne-d'Auray. « Ces Pères, lui disait-il, reçoivent aussi des jeunes gens destinés aux travaux manuels. Ils les admettent d'abord avec le titre de postulants, afin d'avoir le temps de les mieux connaître, et pour permettre à ceux qui se présentent de juger plus mûrement si ce genre de vie leur convient ou non. Après une épreuve plus ou moins longue, les postulants peuvent entrer au noviciat, qui se termine par l'émission des vœux, et désormais ils sont liés pour toujours à la Compagnie de Jésus, qui a daigné les recevoir dans son sein. Maintenant, priez, réfléchissez, vous me rendrez compte ensuite de vos intentions. »

Quelques jours à peine s'étaient écoulés depuis cette entrevue, qu'Yvon revint trouver le prêtre qui l'avait éclairé de ses conseils. Il lui demanda de présenter sa requête au Père Recteur du petit séminaire de Sainte-Anne, et de plaider sa cause auprès de lui ; grâce aux renseignements qu'il avait reçus de Kervignac, le P. Louis Valentin fit à la proposition un accueil favorable, et Yvon put achever ses derniers préparatifs de départ. Il donna à sa sœur une petite boutique qui devait lui procurer quelque aisance, et lui assura pour son commerce le concours d'une compagne dévouée. Puis, après avoir vendu le peu qui lui restait, il se mit en route pour Sainte-Anne.

Vainement, ses anciens amis lui disaient : Reste donc avec nous. — Non, répondait-il, Dieu m'appelle. Dès son arrivée à Sainte-Anne, il fut employé comme tailleur en même temps qu'il remplissait l'office d'aide-portier. Sa conduite toujours édifiante, son amour pour le travail, vraiment exemplaire, prévenaient en sa faveur; il était de plus excellent ouvrier; mais sa profonde humilité, jointe à une retenue extrême, le rendait peu communicatif et ne permettait pas de l'apprécier promptement. Les épreuves ordinaires, qui duraient pour lui depuis 1822, se prolongèrent pendant deux ans, et quand il eut vu ainsi de près, avec toutes ses difficultés, le genre de vie des Frères coadjuteurs, il sollicita son entrée dans la Compagnie de Jésus. Un instant ses engagements dans le Tiers-Ordre des Carmes faillirent mettre obstacle à l'accomplissement de ses désirs. Heureusement, Rome accorda une dispense, et quoiqu'on ne fût pas à cette époque sans crainte pour l'avenir, que les supérieurs même fussent peu disposés à recevoir de nouveaux sujets, Yvon Guyonwarch fut par le R. P. Godinot, alors Provincial, admis au noviciat, le 20 septembre 1824.

CHAPITRE II

MONTROUGE. — AVIGNON. — SAINTE-ANNE-D'AURAY. — VANNES.

C'était sur Montrouge qu'était dirigé le novice. Il partit donc en compagnie de quelques Pères et Frères ; mais sur la route il fallait stationner aux différentes étapes et prendre place à table d'hôte. Le Frère Yvon ne voulait rien entendre aux habitudes de l'hôtel. Les gens comme moi, disait-il à ses compagnons de voyage, ça ne se met pas à table ; pour des gens comme vous, au contraire, rien de mieux. Et s'emparant d'une écuelle de soupe, il allait se placer dans l'embrasure d'une fenêtre. Rien ne put changer sa résolution. — Un petit coin, répondait-il encore, c'est trop bon pour moi. Le bon Frère, à peine installé à Montrouge, fut désigné par les supérieurs pour la résidence d'Avignon, où un noviciat venait d'être fondé. C'est là que, passant successivement par tous les emplois auxquels il pouvait être appelé un jour, il s'efforça de correspondre à la grâce divine et de se plier aux exigences de la règle. Ce n'était point sans lutte et sans combat, car il eût volontiers répété avec le poète :

> Oui, nous sommes encor les hommes d'Armorique,
> La race courageuse et pourtant pacifique,
> Comme aux jours primitifs, la race aux longs cheveux,
> Que rien ne peut dompter quand elle a dit : Je veux[1].

Le premier sacrifice qu'on lui demanda fut celui de sa longue chevelure. Pour qui connaît les traditions de la Bretagne et sait combien elles sont chères au cœur de ses enfants, identifiées en quelque sorte avec sa foi, il n'y a pas lieu de s'étonner que la proposition l'ait fait bondir de douleur. Renoncer à cette marque distinctive de sa race, c'était, dans sa pensée, s'exposer peut-être à dépouiller la tunique de son baptême. Il résista tout d'abord, et s'il se laissa convaincre enfin et persuader par les preuves de foi et de raison qu'on lui apportait, sa nature n'eut pas moins à souffrir d'une pareille nécessité.

On lui reprochait assez souvent aussi une certaine raideur de volonté, qui cédait plutôt devant ses interprétations personnelles, qu'elle ne se soumettait en réalité à la direction du maître des novices. Le caractère tenace du Breton se retrouvait tout entier, et il fallait en triompher. Le novice ne manquait pas d'ardeur; il en avait trop au contraire. Il aimait, si l'on peut s'exprimer ainsi, à

1. Brizeux-*Marie*, p. 119, édit. Garnier frères. Paris, 1853.

brasser de la besogne; aussi la perfection du travail laissait-elle beaucoup à désirer.

Quand sonnait l'heure des avertissements paternels, tous ces griefs lui étaient rappelés avec la plus tendre charité sans doute, mais aussi avec une grande fermeté. La parole du Père Maître était le plus habituellement le commentaire du « *violentum non durat* », les efforts trop violents sont sans durée, et de « *l'age quod agis,* qui trop embrasse mal étreint ». Le bon Frère s'humiliait alors, demandait une pénitence, et tout surpris de celle qui lui était imposée et qu'il était loin de trouver en rapport avec la gravité de sa faute : « Sois tranquille, Yvon, se disait-il à lui-même, ce n'est que le commencement ; deux années de noviciat ne sont pas de trop pour pouvoir apprendre à vivre ».

Le trait suivant, unique souvenir des contemporains, laisse encore facilement deviner ce qu'il était déjà à cette époque.

Le R. P. Provincial avait inopinément annoncé à un Père de la Résidence son changement de destination, et le Père devait se mettre en route dès le lendemain matin. Ne serait-il pas possible, dit le R. P. Recteur au Frère Yvon, de donner à ce Père, avant son départ, une soutane neuve ? — Non, mon Père, il n'y en a pas dans la maison et le temps matériellement nécessaire pour en faire une nous manque absolument. Mais si vous me permettez d'agir comme je l'entends, la chose, je le crois, ne sera plus impossible. — Eh bien, soit, je vous l'accorde. — Le Frère Yvon se met à l'œuvre sans retard, passe la nuit entière sur son établi, et à quatre heures du matin, entrant dans la chambre du voyageur en partance, il le réveille par ces mots : « *Benedicamus Domino*, mon Père, voici votre soutane ».

Après un an de noviciat, soit qu'il fût déjà suffisamment formé, soit qu'il y eût manque de sujets, on l'appela tout à coup, au moment où il y pensait le moins, à Sainte-Anne-d'Auray, pour remplir, au petit séminaire, la charge de portier et de tailleur. Ce départ n'était pas sans consolation assurément, puisque le bon Frère était rendu à ses plus chers souvenirs, mais il n'était pas non plus sans tristesse, car quitter le noviciat avant d'avoir acquis, pensait-il, les qualités nécessaires aux Frères coadjuteurs de la Compagnie, paraissait bien dur au Frère Yvon, et il s'en plaignait un peu haut. « Allez toujours, mon Frère, lui répondait le Père Maître, Notre-Seigneur pourvoira à ce qui vous manque, et les épreuves que vous n'avez pas rencontrées au noviciat, viendront en leur temps. »

Et cependant, les Pères et Frères qui avaient vécu avec lui à Avignon, et parmi eux le Père Besnoin surtout [1], concevaient une haute idée de

---

1. Voir le livre qui a pour titre : *Une femme apôtre*, ou *Vie de Irma le Fer de la Motte*, en religion Sœur Saint-François-Xavier,

sa sainteté ; le Frère Yvon, de son côté, disait plus tard que, si son noviciat avait été court, en revanche, on lui avait appris par des épreuves vigoureuses et dont il avait grand besoin, ce que c'était que l'obéissance.

On était alors au mois de septembre 1825. Dès son arrivée à Sainte-Anne, le novice laissa voir les progrès qu'il avait faits dans la vertu, et son dévouement éclata de mille manières. Il était prêt à tous les services et à tous les emplois, et les Frères qui partageaient ses travaux disaient de lui qu'il s'oubliait complètement lui-même pour ne penser qu'aux autres.

Il avait véritablement un cœur et une tête trempés à la Bretonne. Et quand il se disait à lui-même, pour s'aiguillonner au courage et sous la forme d'une apostrophe bien innocente : *Sartor primus!* tailleur n° 1 ! *Janitor primus!* portier en chef ! (c'étaient les termes par lesquels le catalogue désignait son office) je veux qu'Yvon fasse ceci pour Dieu ! coûte que coûte, il parvenait à ses fins. Le diable avait beau mettre des bâtons dans les roues, il avait raison et du diable et de son astuce. Une des charges qui lui furent confiées pendant qu'il se trouvait au petit séminaire fut celle de sacristain. Comme il n'avait pu recevoir

---

écrite par une de ses Sœurs, précédée d'une préface de Léon Aubineau. Victor Lecoffre, 90, rue Bonaparte. Paris, 1880.

de son prédécesseur, ou tombé malade, ou déjà parti pour une autre résidence, les instructions nécessaires pour la bien remplir, le vénéré Père Le Leu se mit à sa disposition, fit avec lui l'inventaire du mobilier de la sacristie, le renseigna sur les traditions comme sur les cérémonies locales, et avec une grande bonté, l'instruisit pendant plusieurs jours de la manière de s'y prendre pour faire tout à souhait. Le Frère Yvon répondit, on peut le croire, aux espérances de son maître inattendu. Il fut même accusé de trop grande indulgence à l'égard des pèlerins, qui savaient si bien s'insinuer dans ses bonnes grâces, qu'ils obtenaient toujours de lui quelque souvenir du pieux sanctuaire. C'est ainsi que peu à peu, grâce à ses largesses, disparut le chapeau de M. Le Gouvello de Quériolet, ce saint pénitent dont le corps reposait dans la chapelle.

Depuis qu'il avait été admis à faire ses premiers vœux, on constatait en lui à un degré merveilleux les vertus que nous aurons à signaler plus tard, et surtout son esprit de prière, de dévouement, de mortification. Il était et il resta d'ailleurs jusqu'au dernier jour très dur à lui-même. Sa patience dans les souffrances n'avait d'égale que l'énergie de sa volonté. Il se trouvait encore à Sainte-Anne quand il fut atteint d'un rhumatisme articulaire des plus douloureux. Le médecin fut appelé, mais son traitement ne produisit aucun effet. Mon Père, disait le malade au préfet de santé, les médecins n'y entendent rien, je suis meilleur médecin qu'eux-mêmes, permettez-moi de me soigner à ma manière. La permission fut octroyée : « Thomas, s'écrie aussitôt le Frère Yvon (ce Thomas était un domestique du petit séminaire), va cueillir au pied du mur du jardin un bon paquet d'orties et reviens ici. » Le domestique obéit. « C'est bien ; à l'œuvre maintenant. » Et il se fit fustiger vigoureusement des pieds à la tête. Le soir même, il avait quitté son lit et reprenait son poste ordinaire.

Quand furent signées les ordonnances de 1828, les Jésuites furent contraints de quitter Sainte-Anne et de se disperser. Quelques Pères, parmi lesquels était le P. Le Leu, furent dirigés sur Vannes. Plusieurs Frères, le Frère Yvon entre autres, les avaient suivis. Tous étaient logés dans une maison fort étroite, fort incommode, située rue de l'Evêque, non loin de l'ancienne demeure de M. Beluze. On s'y tenait caché le plus possible, surtout pendant les mauvais jours de 1830, et Pères et Frères y étaient souvent réduits à une extrême disette. Le Frère Yvon cumulait quatre ou cinq emplois. Il était en même temps cuisinier et tailleur, portier et sacristain. A l'occasion, il se prêtait à bien d'autres services encore. C'est là que Dieu l'attendait et lui préparait une épreuve si étrange qu'on se refuserait à la croire, si les témoignages contemporains n'étaient unanimes à l'attester et à la confirmer jusque dans ses plus minutieux détails. Ainsi allait se réaliser la parole que lui avait dite le Père Maître des novices à son départ d'Avignon : « les épreuves qui vous ont manqué, viendront à leur heure ».

Bien qu'il arrivât que dans l'humble maison de la rue de l'Evêque on fût privé et souvent du strict nécessaire, le Frère Yvon continuait à suivre (non sans permission toutefois, nous le verrons tout à l'heure) son attrait pour la mortification. Il jeûnait tous les jours, se contentait au principal repas de potage et de l'un des mets servis sur la table ; mais, en dehors de là, il n'acceptait rien, ni vin, ni dessert. Il dormait très peu et se levait au premier réveil, ne fût-il que minuit. A peine levé, il se mettait en oraison, et pour lutter contre le sommeil, marchait silencieusement dans les corridors.

Ces austérités et ces veilles venant s'ajouter à d'autres causes de faiblesse aussi difficiles à prévoir qu'à éviter, le Frère Yvon tomba dans une sorte de langueur qui le rendit bientôt incapable de remplir ses emplois. Le médecin constata un commencement de phthisie pulmonaire très caractérisé et ordonna des remèdes en conséquence. Le bon Frère y recourut un instant par obéissance et ne tarda pas à les laisser de côté, car c'était là, disait-il, se dorloter.

Loin de diminuer, le mal s'aggravait donc chaque jour, quand, pour comble de malheur, survint tout à coup une affection cutanée, de la nature la plus fâcheuse, qui fit du pauvre Frère un vrai lépreux. En vain, pendant de longues semaines, les soins les plus fraternels lui furent-ils prodigués, en vain la charité la plus ingénieuse et la plus touchante multiplia-t-elle les remèdes et les prières. Non seulement la guérison était lente à venir, mais les médecins déclaraient le mal contagieux et incurable.

Devant ces complications inattendues, au milieu des circonstances critiques où se trouvait la Compagnie dispersée, les relations avec le R. P. Provincial devenant plus difficiles que jamais, le supérieur était dans un grand embarras. Soustraire les Pères et Frères de sa maison à l'influence contagieuse du malade lui semblait un devoir ; reléguer le patient au fond d'un hôpital, parmi les infortunés atteints de la lèpre, c'était à ses yeux une cruauté. Restait une autre ressource : on pouvait encore, dans l'espérance d'une amélioration, essayer de l'air natal. Le Père supérieur s'arrêta à ce dernier parti.

Il manda le Frère Yvon et lui dit : « Vous voyez, mon Frère, quel état d'infirmité est le vôtre. Bien des causes sans doute l'ont insensiblement préparé, mais vos mortifications n'y sont pas non plus étrangères. Je n'ignore pas que vous avez agi de concert avec le Père spirituel, et que le Père

Le Leu vous approuve; toutefois, il n'en est pas moins vrai que votre maladie nous inspire de graves inquiétudes et que nul n'en peut prévoir la durée. Après avoir sans succès essayé de tous les remèdes, les médecins conseillent l'air natal ; je souscris à ce désir. Je décide donc que vous retournerez dans votre pays jusqu'à ce que Dieu dispose de vous, et vous partirez aujourd'hui même. »

Cette décision tomba comme un coup de foudre sur le Frère Yvon, qui, après les premiers instants de surprise, demanda à faire quelques observations. Reprendre la route de Kervignac, c'était, selon lui, compromettre, sacrifier peut-être sa vocation, et plutôt que de la perdre, il aimait mieux mourir. L'absence du R. P. Provincial ajoutait encore à son tourment. Il n'était pas jusqu'aux termes par lesquels on lui notifiait son départ qui ne lui parussent cacher un renvoi définitif de la Compagnie.

Le Père supérieur, tout en répondant avec une paternelle bienveillance aux objections qui lui étaient présentées, laissa-t-il à dessein planer encore quelques doutes? craignait-il d'engager les résolutions de l'avenir ? l'impression éprouvée par le bon Frère le ferait supposer. Ce qu'il y a de certain, c'est que l'entretien se termina par des larmes et des sanglots, et que le Frère Yvon se trouva inconsolable.

Dans sa douleur, il alla frapper à la porte du Père spirituel et lui raconta la scène qui venait de se passer. Le Père Le Leu l'accueillit avec sa bonté ordinaire, l'engagea à accepter avec résignation un sacrifice si pénible, lui promit enfin que Dieu en tirerait sa gloire, et que l'on verrait plus tard ce qu'il y aurait à faire.

Quand il fallut dire adieu aux Frères de la maison, ce fut un redoublement de tristesse et d'amertume. Le Frère Fonsala, de si vénérable mémoire, obtint la permission de conduire le pauvre partant jusqu'au dehors de la ville. D'après ses conseils, le Frère Yvon se dirigea vers Sainte-Anne-d'Auray, où il arriva assez tard, épuisé de fatigues.

La chapelle miraculeuse était encore ouverte, il y entra, se jeta aux pieds de la patronne des Bretons, se recommanda à sa protection et la conjura de lui inspirer le parti qu'il avait à prendre. Fortifié par la prière, il se relève et vient demander au petit hôtel, communément l'hôtel du Père-Éternel, un logement pour la nuit. La maîtresse de la maison, nommée Marie Le Floch, avait beaucoup connu le Frère Yvon pendant qu'il était portier du petit séminaire. A la vue de son visage pâle et défiguré, au son de sa voix rauque et brisée, au récit de ses épreuves, elle est tout émue et se hâte, après avoir offert au malade un peu de bouillon, de lui préparer un bon lit dans une chambre bien chauffée.

La nuit fut très mauvaise ; le Frère Yvon se représentait sans cesse la triste situation où il allait se trouver et pourtant une chose le tranquillisait, c'est que sa conscience ne lui adressait aucun reproche. Le lendemain, à neuf heures, il était à la chapelle du pèlerinage, assistait à la sainte messe, y communiait et remerciait la sainte Vierge et sainte Anne des soins tout maternels qu'il avait déjà reçus dans un moment si critique.

Quand il sortit du pieux sanctuaire, il emportait au cœur, il l'a souvent répété depuis, l'espérance que Dieu ne l'abandonnerait pas. Il en eut bientôt la preuve. La maîtresse du logis l'ayant interrogé de nouveau, à son retour à l'hôtel, sur sa position présente, prit aussitôt une résolution digne de sa générosité.

« Voici, lui dit-elle, ce que je décide. C'est Dieu assurément qui vous a conduit à Sainte-Anne et amené dans ma maison. Je vous demande d'accepter ici même tous les soins qui vous sont nécessaires et de ne pas refuser les services que je vous offre. Quelles que soient vos craintes par rapport à votre vocation, je vous regarde toujours comme un vrai Jésuite. La visite du grand supérieur de Lyon (c'est dans cette ville que résidait alors le R. P. Provincial) aura lieu tôt ou tard, et vous fournira l'occasion naturelle de vous expliquer sur ce sujet. Jusque-là, prenez patience, sainte Anne est à votre porte, et elle fera bien en votre faveur, pour vous guérir, quelqu'un de ces miracles par lesquels elle se signale tous les jours. »

En vain le Frère Yvon objecta que le Père supérieur lui avait désigné Kervignac comme terme de son voyage. Marie Le Floch insista et lui promit de le laisser partir après guérison. Le bon Frère, en consentant à ces pressantes invitations, bénissait Dieu au fond de son cœur de lui avoir ménagé dans son infortune d'aussi touchantes délicatesses.

Néanmoins la maladie suivait son cours, et l'on ne pouvait que constater l'impuissance des remèdes. C'est alors que, cédant à ses propres désirs et au conseil de l'un des prêtres du petit séminaire qu'il avait pris pour directeur, le Frère Yvon commença en l'honneur de sainte Anne une neuvaine de prières et de communions auxquelles s'associa sa généreuse bienfaitrice. Mais, la neuvaine terminée, le mal semblait toujours aussi grave. Le directeur spirituel du bon Frère l'engagea à solliciter de nouveau sa guérison et lui proposa de faire une seconde neuvaine, pendant laquelle il redoublerait de ferveur et de confiance. Plusieurs habitants de Sainte-Anne qui s'intéressaient vivement à son état, lui promirent le concours de leurs prières.

Le vénérable Père Le Leu, qui, au retour d'une mission, était descendu à l'hôtel du Père-Éternel et jugeait, comme l'hôtesse, la guérison impossible sans miracle, vint ajouter ses encouragements aux encouragements de tous, et de plus la vertu de ses saintes prières. La seconde neuvaine commença donc au milieu de bien des alternatives de crainte et d'espérance. Jusqu'au 6me et 7me jour, l'état du malade empira encore, les vomissements de sang étaient aussi plus fréquents. Dans la nuit du huitième au neuvième jour, il y eut une amélioration sensible; puis, le matin venu, le Frère Yvon vint faire aux pieds de la statue miraculeuse son heure d'oraison. Il promit à Dieu par sainte Anne, s'il daignait achever le miracle commencé, d'employer à sa plus grande gloire le reste de ses jours, et s'engageait à propager, autant qu'il le pourrait, le culte de sainte Anne.

Le directeur du Frère Yvon célébra la messe de neuf heures, le malade y communia et avec lui les personnes amies qui avaient pris part à la neuvaine. La messe était à peine terminée, que le miracle si ardemment sollicité était obtenu. Le bon Frère était complètement guéri et ne ressentait plus aucune douleur. Le célébrant rentra dans la chapelle et au milieu des sentiments d'allégresse des pieux pèlerins récita à la haute voix le *Te Deum*.

La guérison miraculeuse fut constatée par le médecin lui-même, qui laissa entre les mains des intéressés une attestation aujourd'hui malheureusement perdue.

Quand il eut satisfait aux besoins de son cœur et exprimé à tous sa pieuse reconnaissance, le Frère Yvon s'empressa de retourner à Kervignac, où l'air natal devait contribuer puissamment à réparer ses forces. Il y fut reconduit, après un mois de séjour à Sainte-Anne, par le fils de son hôtesse et de sa bienfaitrice.

C'est là que pendant près de cinq mois encore, toujours fidèle à ses devoirs de chrétien et de religieux, il reprit, en attendant l'heure de la Providence, son ancien métier de tailleur. C'est là que le trouvèrent les lettres du « grand supérieur de Lyon » qui l'appelait à Vannes, où il avait hâte de le revoir. Son retour si désiré ramena la joie dans la petite résidence de la rue de l'Évêque. Peu de temps après, le R. P. Provincial la rendit plus vive encore, quand, pour dédommager le Frère Yvon des longues épreuves qu'il avait traversées, il l'admit aux derniers vœux

CHAPITRE III

SA VIE RELIGIEUSE A VANNES.

Le Frère Yvon, rentré à Vannes, retourna également à ses anciennes occupations. Tant que la maison des Pères ne fut qu'une simple résidence, il continua à remplir deux et trois fonctions différentes.

On le rencontrait successivement à la porte et à la cuisine. Il pourvoyait aux besoins des retraitants, fort nombreux à cette époque, et il trouvait le temps encore de faire de longs ouvrages de couture. Depuis la fondation du collège Saint-François-Xavier en 1850 jusqu'à sa mort, il dut se contenter de sa charge de portier, et même se résigner à avoir sous ses ordres un ou plusieurs auxiliaires. On conçoit qu'un genre de vie semblable et toujours uniforme ne prête pas matière à de grands événements.

Mais les vertus qu'il suppose ont brillé d'un tel éclat dans le Frère Yvon que les rappeler ici ne sera ni sans profit ni sans intérêt pour le lecteur.

§ I. — *Sa piété.*

Elle était simple et droite. Le bon Frère avait véritablement l'esprit de prière et d'union avec Dieu, en présence duquel il marchait sans cesse. C'est même un hommage que se plaisait à lui rendre le P. Soimié, que le surnaturel lui était comme naturel. Depuis deux heures et demie du matin, moment de son lever, jusqu'à six heures et demie, sa prière était ininterrompue. Alors seulement il se mettait joyeusement au travail. Sa dévotion des dévotions était la sainte Messe; il aimait beaucoup à la servir et était toujours prêt à le faire. Celle qu'il servait régulièrement était la messe de cinq heures ; mais en dehors de celle-là, que de fois il suppléait les Frères empêchés ou retardés. Après la sainte communion, qu'il avait le bonheur de recevoir presque tous les jours, le Chemin de la Croix occupait une place à part dans ses exercices de piété. Tous les matins, vers trois heures, seul dans la chapelle, il parcourait pieusement les stations douloureuses, et souvent, une seconde fois, le soir, entre son souper et la récitation des prières de la communauté, on le retrouvait encore agenouillé au pied de la Croix. Quand on l'avertissait qu'il y avait dans la ville des agonisants, il appliquait à leur intention les indulgences du « *Via Crucis* », et il disait volontiers que les personnes qui, à sa connaissance, étaient mortes avec de plus vifs sentiments de consolation, étaient celles qui, pendant leur vie, avaient montré une plus grande fidélité aux souvenirs de la Passion de Notre-Seigneur.

L'esprit d'oraison était vraiment en lui ; aussi ses conversations avec ses Frères exhalaient-elles un véritable parfum de vie intérieure. Il parlait souvent avec eux de N.-S., de la sainte Vierge et surtout de la bonne mère sainte Anne. Il racontait avec un véritable charme les histoires qu'il avait lues dans la Vie des Saints, et lorsque quelque circonstance importante avait échappé à sa mémoire, il demandait à certains Pères avec lesquels il avait des relations plus fréquentes, de vouloir bien éclairer ses souvenirs. Il savait également, à l'occasion, toucher aux grandes vérités, et la manière caractéristique dont il exprimait sa pensée, ne laissait pas que de faire une forte impression. Dans ses rapports avec les étrangers, nul n'était plus habile, nous le verrons bientôt, à glisser un mot du bon Dieu, et, au besoin, à faire la morale.

Le chapelet était encore une de ses dévotions de cœur. Il le récitait plusieurs fois par jour ; le dimanche surtout, c'était plaisir de le voir, la tête courbée sur la poitrine, les bras croisés, se promener le long des parloirs, en déroulant sous ses doigts les grains de son rosaire.

A l'église, pendant le temps des offices, il occupait toujours la dernière place, la plus rapprochée de la porte, à genoux sur la dalle. Mais, depuis la fondation du collège Saint-François-Xavier, chaque fois qu'il pénétrait dans la partie de l'ancienne chapelle destinée aux internes, les élèves, qui l'entouraient d'une profonde vénération, lui procuraient toujours une chaise, qu'il acceptait alors volontiers.

Quand sonnait l'heure des exercices de piété, il était d'une rare exactitude à les commencer sans retard, et quand il pouvait être remplacé par l'un de ses auxiliaires, il n'était pas moins prompt à se rendre là où se trouvait la communauté. C'est ainsi que, pendant longtemps, tous les soirs, de huit heures un quart à neuf heures, grâce au domestique qui le suppléait dans sa charge, il pouvait rejoindre ses Frères à la chapelle. Il se consolait alors des privations qui lui étaient, à d'autres moments, nécessairement imposées. Mais, l'heure arrivée, rien n'était capable de l'arrêter, et il remettait à plus tard les commissions même le plus vivement attendues. Un jour de juillet 1864, il y avait vive émotion et joie universelle au collège Saint-François-Xavier. Une dépêche, datée de Poitiers avait annoncé l'admissibilité de sept philosophes, qui, ce jour-là, se présentaient aux examens du baccalauréat. Leurs condisciples, tout fiers d'un si beau succès, attendaient, pleins d'espérance et pourtant non sans inquiétude, le résultat final de l'admission. La seconde dépêche ne pouvait arriver qu'assez tard et pendant la récréation du soir. Huit heures et demie, neuf heures moins un quart étaient sonnées, et aucun message n'arrivait. Le domestique qui était à la porterie n'avait vu ni facteur ni dépêche.

Les élèves, un peu découragés, n'osaient pas croire, après de si douces espérances, à un échec absolu, et demandaient au Père Préfet de vouloir bien prolonger la récréation, afin de donner au télégraphe le temps d'annoncer la nouvelle, avant l'heure du coucher. Mais à neuf heures la cloche fut impitoyable, et les élèves durent tristement monter au dortoir, disant adieu, hélas ! au beau rêve qu'ils avaient caressé tout le jour.

L'un des Pères qui venait de partager leurs espérances et leurs angoisses s'était, avant de rentrer dans sa chambre, arrêté un instant à la tribune de la chapelle. Il y aperçoit, blotti dans son coin ordinaire, le bon Frère Yvon, et ne peut s'empêcher de lui demander s'il n'est arrivé aucune dépêche. — Pardon, dit le Frère, il y en a une, et la tirant de la poche de son gilet où elle était soigneusement enfermée : la voici, ajouta-t-il ; l'ayant reçue au moment où la cloche m'appelait ici, je m'étais proposé de la remettre à son adresse dès demain matin. Saisir le pli si impatiemment attendu, le porter au R. P. Recteur, fut l'affaire d'une seconde. Or, la dépêche constatait la réception définitive des sept admissibles. Le R. P. Martin se hâta de faire connaître ce résultat aux malheureux philosophes qui n'avaient pu jusqu'alors se décider à gagner leur lit, et qui s'endormirent, on le pense bien, du plus paisible sommeil.

§ II. — *Son amour de la pauvreté et de la mortification. Son obéissance.*

Chaque jour, et jusqu'à l'année même de sa mort, le Frère Yvon était debout dès deux heures et demie ou trois heures du matin, hiver comme été. Aussi n'était-il jamais en retard, quand il s'agissait, pendant les vacances, de remplir sa charge d'excitateur ; mais, comme il lui arrivait de temps à autre de réveiller la communauté à trois heures au lieu de quatre, on ne lui permit plus de sonner la cloche. Un jour de grand congé, le P. Pillon avait dit à la communauté que tout le monde *pourrait*, le lendemain, se lever à 5 heures. Aussitôt un Frère coadjuteur, modifiant la pensée du R. P. Recteur, vint dire au Frère Yvon que tout le monde *devait* se lever à 5 heures. Cette décision contrariait beaucoup le Frère Yvon, qui se levait ordinairement à 3 heures. Il se rend aussitôt chez le P. Pillon et lui demande s'il est vrai que tout le monde doive se lever à 5 heures. Cela est vrai pour tous les autres, lui répondit le R. P. Recteur, mais vous, mon bon Frère, vous vous lèverez à l'heure que vous voudrez.

Pendant 35 ans, il jeûna tous les jours, les grandes fêtes exceptées, et si, dans sa vieillesse, il se relâcha de ses rigueurs, ce ne fut que par obéissance. Il ne prenait, à ses repas, ni vin, ni dessert, et pendant l'Avent comme pendant le Carême, ne touchait jamais à la viande.

Un jour de grande fête, il se trouvait à table auprès de quelques Pères qui s'efforçaient, mais en vain, de lui faire accepter un dessert; ils ajoutaient même en souriant que les supérieurs devraient, en pareil cas, lui intimer l'ordre de ne pas refuser. — Mais lui, d'un ton quelque peu austère, répondit : L'obéissance n'ordonne point de semblables *bêtises*. L'obéissance parla cependant dans une circonstance exceptionnelle, et le bon religieux se soumit avec une simplicité d'enfant.

Il était venu apporter une lettre au R. P. Provincial au moment où les Pères réunis autour de lui prenaient le café pour fêter sa bienvenue. En apercevant le Frère Yvon, l'un des Pères lui propose en plaisantant une tasse de café. — Le Frère refuse de ce geste significatif qui lui était ordinaire et qui voulait dire : à d'autres de pareilles propositions. — On insiste cependant, mais alors nouveau refus et plus énergique, quoique respectueux. A ce moment, le R. P. Provincial intervient à son tour : « Frère Yvon, lui dit-il, un peu de lait ». Le Frère se retourne aussitôt, et à la grande admiration de tous, s'exécute de la meilleure grâce du monde. Quand il se trouvait plus fatigué qu'à l'ordinaire, ou lorsque son grand âge semblait exiger des attentions plus délicates, lui proposait-on des adoucissements à son régime, il répliquait invariablement : « Ces douceurs-là ne sont pas pour des hommes comme moi ». Et cependant personne ne pressait les malades ou les infirmes avec plus d'instance que lui, de se soumettre à tous les soins réclamés par le médecin ou l'infirmier.

Il semblait aussi faire ses délices de la pauvreté. Tout en lui et autour de lui respirait l'amour de cette vertu. Sa petite chambre étroite et d'un accès difficile lui était d'autant plus agréable qu'elle pouvait plus facilement dérober ses pénitences et ses mortifications aux regards indiscrets. Et l'on fut bien étonné, un jour qu'il avait dû garder le lit, de s'apercevoir que les quatre carreaux de son unique fenêtre étaient entièrement brisés. Il ne s'en était plaint à personne, et peut-être y avait-il plusieurs semaines ou plusieurs mois déjà qu'il était ainsi exposé aux intempéries de l'air. Son lit était vraiment misérable ; une mauvaise couverture de coton et quelques haillons entassés sur lui, c'est tout ce qu'il voulait pour se défendre du froid. C'est inutilement que, touchés de cette pauvreté, si digne de l'étable de Bethléem, ses Frères recourureut à d'ingénieux stratagèmes pour la lui rendre plus supportable, il ne tardait pas à déjouer ces tentatives dont l'insuccès déconcertait leurs auteurs. Je ne sais pas, dit-il un jour à l'un de ses auxiliaires de la porterie, quel est celui qui, depuis sept ou huit jours, se permet de « grafouiller » mon lit (il entendait par là le refaire), mais d'une façon si délicate qu'il ne restait plus aucun pli ; je ne suis pourtant ni recteur, ni supérieur ; j'ai quelque raison de croire que celui-là, c'est vous.

Puis il avait exprimé pour de pareils services une telle répugnance, que le Frère n'avait plus osé recommencer. On l'avait surpris bien des fois près d'un dessous d'escalier qu'il semblait examiner avec une certaine complaisance, comme s'il avait quelque secret dessein. Ce trou humide et ténébreux était un vrai tombeau, et il aspirait à y placer son lit. Ah ! s'écriait-il, si le Père Recteur voulait, ce serait bien mon affaire.

Ses désirs ne furent pas exaucés, mais en vérité le coin de mansarde qu'il occupait n'était guère meilleur.

Faut-il parler de ses vêtements? Sous le spécieux prétexte qu'il était tailleur, et partant très apte, quand cela serait nécessaire, à en faire de nouveaux ou à raccommoder les anciens, il avait trouvé moyen de porter la même redingote pendant vingt ans et plus.

Aussi n'y avait-il rien d'exagéré dans cette question qu'adressait un bon Frère, de passage au collège Saint-François-Xavier : « Et le Frère Yvon, comment va-t-il? Se fait-il toujours des habits de toutes les loques de la maison ? » Son costume complet avec ses bas blancs, souvenir du Tiers-Ordre des Carmes, et son chapeau quelque peu démodé, n'était pas sans singularité. Quand, dans ses courses, les enfants l'apercevaient, ils ne pouvaient s'empêcher de rire, à la vue de cet accoutrement bizarre, et quelquefois le poursuivaient de mille espiégleries et de mille grimaces. Pour lui, il demeurait impassible et ne perdait rien de son admirable patience. Il ne manquait jamais, chaque année, de faire son pèlerinage à Sainte-Anne-d'Auray, et il l'accomplissait dans des conditions particulières de mortification, les pieds nus d'ordinaire, et n'acceptant pour le retour que du pain sec et un peu de cidre.

Dans les dernières années de sa vie, comme la prudence conseillait de ne plus le laisser voyager seul, il accepta docilement le compagnon qui lui fut imposé, avec la promesse de souscrire à tout ce que ce dernier exigerait dans l'intérêt de sa santé. Les supérieurs, craignant même que ses forces ne pussent lui permettre de mener à bonne fin une si longue course, car c'était une marche de sept ou huit lieues, lui proposèrent plusieurs fois de le conduire à Sainte-Anne en voiture. Mais lui disait, d'un ton décidé : « Les voitures ne sont pas faites pour des hommes comme moi ». Lui opposait-on quelques nouvelles raisons, alors il coupait court aux difficultés par des réponses de ce genre : « Si j'étais resté dans le monde, est-ce que je serais allé à Sainte-Anne en voiture ? j'y serais allé à pied ». Il en était de même des conseils qu'on lui donnait pour se garantir de la pluie, il les accueillait par ses négations tout aussi absolues : Un parapluie, disait-il, je n'en ai jamais porté, et ce disant, il s'échappait et se rendait sous l'orage et sous l'averse, aussi bien aux extrémités de la ville que dans le voisinage, partout où le requéraient les exigences de son service.

Une nuit d'hiver, par un froid des plus rigoureux, la neige tombant à gros flocons, un Père arriva de Rennes à une heure du matin et vint frapper à la porte du collège Saint-François-Xavier. On la lui avait ouverte si promptement qu'il était clair que le portier n'avait eu que le temps de se jeter hors du lit et d'accourir. « Mais, Frère Yvon, lui dit le voyageur tout ému de sa charité, vous ne vous êtes pas même donné le temps de vous habiller. » Et le bon Frère, à peine vêtu, grelottant derrière sa porte, se hâta de lui répondre : « Croyez-vous donc que par ce froid-là je vous aurais laissé attendre ! » Voilà comme il était dur à lui-même. Et cependant ceux qui l'ont connu savent combien il était sensible au froid, et combien il souffrait, pendant l'hiver, lorsque la loge du portier demeurait sans feu. Quand il tombait malade et qu'il était contraint par le médecin de passer quelques jours à l'infirmerie, on lui offrait parfois un fauteuil pour se reposer ; il le refusait toujours énergiquement. « Je n'ai pas été élevé à ça, disait-il, une chaise c'est assez bon pour moi. » Au reste, veut-on savoir tout le fond de sa pensée? Il l'exprimait, à l'occasion, de la façon la plus catégorique : « Je ne suis qu'un pauvre homme, répétait-il souvent, destiné à être pauvre. Mais qu'en religion je sois mieux traité que je ne l'aurais été dans le monde, je ne le souffrirai jamais, jamais ! » Ce bon Frère, d'un esprit de pauvreté si admirable et l'exemple de tous les autres par son parfait détachement, n'était pas toutefois exempt d'une petite faiblesse au sujet de laquelle on aimait à le plaisanter un peu. Il tenait beaucoup aux images, et comme on lui en envoyait de tous les côtés, il en avait tout un petit trésor, qu'il contemplait avec bonheur. Il est vrai qu'il savait demander à ses supérieurs la permission de les garder, et qu'il usait de ces pieux souvenirs pour donner à sa piété un nouveau stimulant. Mais le cœur s'y laissait prendre. Ayant reçu du Mans, quelques semaines avant sa mort, une belle image de saint Joseph, il avait peine encore à contenir la joie qu'il en éprouvait.

Enfin, pour terminer ce chapitre de ses mortifications, les Frères qui le voyaient de plus près étaient persuadés qu'il se refusait tout plaisir sensible à la nature, et qu'il eut à souffrir bien des infirmités dont il ne se plaignit jamais. Il faisait aussi consister une grande partie de sa vertu dans l'amour de son emploi, et il apportait au travail une telle application qu'il répondait à ceux qui semblaient s'en étonner : « Les lambins ne sont pas mes saints à moi ».

§ III. — *Sa charité envers ses Frères et envers les pauvres.*

« Depuis que je suis dans la Compagnie, écrivait le Père Soimié en 1872, et il y a bientôt cinquante ans, je n'ai pas connu de Frère qui ait rendu plus de services que ce bon Frère Yvon. Une année je l'ai vu seul debout, les autres Frères étant indisposés ; et seul pendant plus de 15 jours, il put suffire à tous les offices de la maison, sans avoir réclamé un instant contre l'excès de la fatigue. »

Son dévouement était tel, au jugement de tous, que jamais il ne se refusait à rien de ce qui lui était possible, dès qu'il s'agissait de faire plaisir aux autres. Un jour de congé, c'était au temps où le noviciat se trouvait à Vannes, il était déjà cinq heures, et le Frère cuisinier ne paraissait pas encore. Qui donc préparera le souper de la communauté ? Le Frère Yvon n'hésite plus. Il se rend à la cuisine, allume le fourneau, pèle oignons et pommes de terre, et se met en devoir de faire cuire les aliments nécessaires au repas du soir. Un Frère vient à passer par là. « Quoi, c'est vous, Frère Yvon, lui dit-il, qui faites maintenant la cuisine ! — Assurément, voyez comme il est tard. Le Frère compte sans doute sur moi. » Le cuisinier arriva enfin, mais à une heure très avancée; et après avoir trouvé tout pour le mieux, se confondit en excuses et en remercîments, pendant que le Frère Yvon échappait par la fuite à l'expression de sa reconnaissance. « Vous avez du bonheur, réplique aussitôt un Frère qui entrait en ce moment à la cuisine, sans le Frère Yvon les novices allaient au lit sans souper. » Et le cuisinier de répondre : « Ah bien, il est facile de s'apercevoir que vous êtes tout nouveau ici ; est-ce que le bon Frère Yvon en fait jamais d'autres ? Du matin au soir, de la charité et encore de la charité, voilà sa vie ! » Les autres Frères qui vivaient avec lui pouvaient rendre le même témoignage. Sitôt qu'une circonstance prévue ou imprévue, parfois même un simple délassement, les appelait au dehors, le Frère Yvon s'offrait à les remplacer : « Oui, oui, comptez sur moi, et vous, reposez-vous bien, vous n'en travaillerez que mieux ensuite. » Quant à lui, il était toujours au poste, et il fallait qu'il fût bien malade pour consentir à l'abandonner même un instant : « Frère Yvon, lui disait un jour un de ses Frères qui le savait malade, laissez-moi votre place et allez vous coucher, vous avez la fièvre. — Bast, une fièvre de

Frère, ça ne vient que la nuit. » Devenu second portier, à cause de son grand âge, il ne trouvait pas convenable que le premier lui rendît quelque service, comme autrefois lorsqu'il était sous ses ordres. Il savait alors ou s'en passer, ou se les rendre à lui-même ; car il n'avait pas moins d'humilité que de charité.

Quant à son amour pour les pauvres, il était admirable. Son bonheur était de les servir. Chaque lundi, il faisait lui-même la distribution du pain ou du bouillon aux malheureux qui se pressaient à la porte du collège. Il ne cédait à d'autres cet office que dans le cas d'une absolue nécessité. Encore avait-il bien soin de s'informer si l'on avait trouvé de quoi les contenter. Comme pauvres et pauvresses formaient une longue procession et que le défilé durait longtemps, il n'était pas très difficile, au moyen de quelque supercherie, de revenir deux fois à la charge. Un jour, une bonne femme, après avoir reçu son aumône, échangea son capuchon contre un autre et se représenta sous ce nouveau déguisement. « Attention, Frère Yvon, lui dit un Père qui se tenait à ses côtés, cette femme vous trompe, vous l'aviez déjà servie, il y a un instant. — On sait ça, mon Père, répondait-il, mais on fait comme si on ne le savait pas ».

Tous les jours, à la même heure, il se rendait fidèlement à la cuisine pour réclamer les portions de quelques pauvres dont la détresse était plus grande. Il y arrivait parfois avec un certain air inquiet, agité, en tenant à la main les pots qu'on devait lui remplir de soupe ou de lait ; les domestiques alors disaient entre eux : « Remarquez donc le Frère Yvon et sa figure soucieuse, il a peur qu'il n'y en ait pas assez pour ses pauvres ».

En dehors de ces distributions spéciales et de la grande distribution du lundi, il y avait encore l'aumône quotidienne faite au passant. Il s'en réservait également le monopole et donnait sa pièce de monnaie, non sans quelque bonne parole. Le pauvre qui lui tendait la main sollicitait-il des vêtements ou des chaussures, il les obtenait presque toujours ; de plus il trouvait dans le Frère Yvon un dévouement empressé à les essayer à sa taille ou à ses pieds. Le bon Frère avait aussi ses heures à lui, pendant la semaine, pour enrichir son vestiaire. Il courait alors après le Frère linger, le priait d'étaler devant lui ses défroques de tout genre, et faisait si bien l'article en faveur de ses pauvres, que son esprit lui valait autant de triomphes que son cœur. Au reste, non content des aumônes qu'il distribuait à la maison, il plaidait souvent la cause des pauvres honteux et leur portait à domicile du pain et de l'argent pour leurs loyers.

Il est tel petit domestique qui avait servi sous ses ordres au collège et qu'il allait régulièrement visiter à l'hôpital pendant les longs mois de sa maladie. Et puis ce n'était pas assez de lui procurer quelques douceurs pour soulager ses souffrances, il faisait l'apôtre auprès de lui, et par de saints discours le préparait peu à peu à la mort, que le jeune malade n'osait pas entrevoir. Bien qu'il eût affaire à toute sorte de personnes, sa préférence était pour les pauvres et les malheureux. Il avait même dans la ville de Vannes plusieurs hommes de confiance auxquels il s'adressait pour avoir des renseignements. Et dès qu'il savait qu'une aumône serait mieux placée dans telle maison que dans telle autre, il se mettait en quatre, c'est le mot de l'un d'eux, pour la lui faire parvenir.

Le laissait-on libre d'acheter les choses nécessaires à la Résidence, il courait vite chez les petits marchands et évitait les grands magasins, dans la pensée que la clientèle de ces derniers était toujours plus assurée. Mais quand il se trouvait en face des riches qu'il savait très charitables ou qui l'avaient aidé par leurs aumônes à diminuer les misères de ses pauvres, il était pour eux plein de reconnaissance et de délicatesse.

CHAPITRE IV

DE QUELQUES AUTRES PARTICULARITÉS DE SA VIE. SA VIEILLESSE ET SA MORT.

Le péril qu'avait couru sa vocation dans les premières années de sa vie religieuse, et les épreuves auxquelles il s'était résigné pour la sauver, la lui avaient rendue plus chère que jamais. Aussi était-ce une de ses joies que de parler du bonheur de la vocation. Devant les plus jeunes Frères il aimait, aux heures de récréation, à s'entretenir avec eux de l'esprit propre à la Compagnie et de la nécessité d'y demeurer fidèle. Soit au sujet des vœux, soit au sujet des règles, il jetait son mot dans la conversation avec tant d'à-propos, et il habillait la vérité d'une façon si particulièrement sienne, que le sourire de tous lui donnait aussitôt raison. Quand il parlait des dangers du monde et des misères de la vie, il n'était pas moins écouté. Sa parole laconique et affirmative demeurait gravée dans tous les cœurs. Il n'est donc pas surprenant qu'avec de telles dispositions, il se soit montré résolu, pendant sa vie entière, à tout accepter, à tout subir, plutôt que de compromettre en lui le don de Dieu.

Peu de Frères se sont acquittés de leur emploi avec autant de dévouement, et cependant personne n'était plus que lui persuadé des difficultés et des périls du poste qui lui avait été confié. Il disait volontiers que, pour qui n'a pas l'esprit religieux, la place de portier pouvait devenir une place « infernale », et il citait, à l'appui de sa thèse, des exemples contre lesquels nulle objection n'était possible. Pour lui, si quelquefois il péchait par excès de réserve et de prudence, il était d'ordinaire d'un jugement très droit et d'une activité qui puisait sa source dans sa charité. Il connaissait d'ailleurs parfaitement son monde. Il était respectueux envers tous, mais il savait éloigner les perdeurs ou les perdeuses de temps. Quand il avait dit : « non », et fermé son guichet, il fallait bien en passer par sa volonté.

Depuis que le collège avait succédé à la Résidence, les occupations du Frère portier se multipliaient. Bien qu'il y eût des heures réglementaires en dehors desquelles les parents ne pouvaient visiter les élèves, l'amour maternel trouvait toujours des prétextes pour éluder la loi. Mais, gardien vigilant de la discipline, le Frère Yvon demeurait inflexible.

Un jour, c'est une pauvre grand'mère qui arrive d'Arras et demande à voir son petit-fils. Les élèves étaient rentrés à l'étude un instant auparavant. « Il faut attendre jusqu'à midi, déclare impitoyablement le bon Frère, c'est la règle. » Et la bonne dame de se lamenter en répétant : quel malheur ! quel malheur ! — Non, madame, consolez-vous, il n'y a de malheur que le péché ! — De quel ton fut prononcée cette parole, nous l'ignorons, mais elle fit sur la solliciteuse une impression si vive que, longtemps après, elle durait encore. Une autre fois, c'était une maman qui, à peine de retour d'un voyage de Vannes, accourait de nouveau de Quimper au collège parce qu'elle avait appris que son fils avait les yeux rouges. Elle voulait le voir sans délai, vu la gravité possible du mal, et pendant une classe ou une étude. Le bon Frère, tout respectueux qu'il était, ne se prêta point à la fantaisie et sourit doucement des inquiétudes exagérées de la chère maman. — Celle-ci parla bien haut, se fâcha même, et finalement dut attendre l'heure fixée par la règle. Le soir, honteuse de son incartade du matin, elle s'excusait humblement auprès du Frère Yvon. « Bast ! bast ! ajouta-t-il, ce n'est rien, colère de femme, tout cela c'est sans conséquence. »

On était toutefois rempli de vénération pour lui et on venait le consulter dans une foule de circonstances. Il répondait à une femme qui s'était plainte à lui de ses misères : « Espérez, ma bonne, nous verrons la fin de tout cela dans l'éternité. Cela passera, soyez-en sûre, et puis ne cherchons pas tout le plaisir de ce bas monde, là-haut nous devons voir de plus belles choses. » On se trouvait toujours très bien d'avoir pris son avis et suivi ses conseils. Ce n'était pas seulement aux gens de la campagne qu'il inspirait cette confiance, mais aux personnes de tout rang, et même aux élèves qui, dans leurs dernières années de collège, recommandaient à ses prières et leur vocation et leur avenir.

Du reste, il n'était pas jusqu'aux supérieurs qui, comptant sur son jugement et sa discrétion, ne vinssent l'interroger sur des difficultés locales dont il indiquait la solution avec une rare sagesse. « Vous ferez bien, disait-il au R. P. Pillon, de parler beau, car le visiteur qui vous attend au parloir est singulièrement irrité. » D'autres fois, c'était spontanément qu'il appuyait certaines demandes adressées par d'anciens bienfaiteurs. Il rappelait alors les services qu'ils avaient rendus et dont il était peut-être le seul témoin survivant ou du moins présent dans la maison. Et quand leurs enfants étaient admis à suivre les cours du collège, il ne manquait pas de les signaler à la reconnaissance des Pères.

Il arrivait de temps en temps qu'accablé de correspondances et autres travaux de cabinet, le R. P. Recteur mandait le Frère Yvon et lui déclarait que, pendant un nombre d'heures déterminé, il ne pourrait donner audience à qui que ce fût.

Le bon Frère observait rigoureusement la consigne. Mais en plus d'une occasion, grand fut son embarras ; la qualité du visiteur, la nature de sa mission, la gravité des circonstances, tout en un mot, l'excellent portier le devinait bien, faisait un devoir de l'introduire. « Le R. P. Recteur, disait-il, n'est pas ici, Monsieur, mais il y sera pour vous. Veuillez attendre un instant. »

Et plaçant une chaise sur une table et s'élevant ainsi à la hauteur d'un imposte qui dominait la chambre du R. P. Recteur : « Mon Révérend Père, lui criait-il à travers la vitre, votre présence est indispensable, venez. » Et chaque fois que la circonstance se présenta, les supérieurs n'eurent qu'à se louer de l'ingénieuse perspicacité du Frère Yvon.

Sous les dehors d'une grande simplicité, il cachait un tact exquis et une profonde humilité. Loin de s'enorgueillir jamais de ce qui pouvait flatter son amour-propre, il ne semblait soupçonner aucun de ses mérites. S'il devait y avoir quelque préférence, il la réservait à d'autres, même aux plus jeunes. Pour lui l'oubli et le silence, pour les autres l'estime et l'honneur.

Il redoutait même toute parole qui de près ou de loin aurait pu donner à ses actes une apparence d'éclat, témoin ce jour où un Père Préfet du collège vint le prier de porter au télégraphe une dépêche des plus pressantes. Il s'agissait d'annoncer à une mère que son fils, élève de Saint-François-Xavier et surpris par un mal soudain, était sur le point de mourir. — « Ce n'est pas la peine de faire tant d'embarras, avait dit le Frère Yvon, cet enfant ne mourra pas. » Le lendemain, en effet, tout danger avait disparu, et le petit malade était en voie de résurrection complète. — Eh bien, Frère Yvon, s'écrie à son tour le P. Préfet, vous aviez dit vrai, et vous avez raison contre tous. — Effrayé de ces réflexions, le bon Frère portier réplique : « Gardez-vous bien de répéter ce que je vous ai dit hier, on prétendrait que je sais l'avenir, et que ce sont là des prophéties ; il n'en est rien. »

Vis-à-vis certains Pères avec lesquels il avait vécu dans une plus intime familiarité, son langage parfois ne manquait pas de hardiesse. L'un d'eux, homme zélé s'il en fut, courant sans cesse après les pauvres et les malades, est arrêté, à la porterie, par le Frère Yvon : « Mon Père, il y a une bonne femme qui vous attend à l'église pour se confesser. » Le Père, pressé sans doute par ses œuvres de charité, répond avec une certaine vivacité : « Est-ce que j'ai le temps de confesser vos bonnes femmes ? » et il disparaît, volant peut-être au chevet d'un mourant. A son retour au collège, le Frère l'arrête de nouveau : « Mon Père, quand vous viendrez à la porte du paradis, voulez-vous que saint Pierre vous dise : Est-ce que j'ai le temps d'ouvrir à celui-là ? » La bonne femme avait pris patience et se trouvait encore à l'église. Le Père s'y rendit et sut bien la dédommager de sa longue attente.

Dans le cours de sa vie, le Frère Yvon a été souvent malade et obligé de monter à l'infirmerie. Mais les attentions et les délicatesses qu'inspirait son état, n'allaient point à son caractère pénitent et mortifié : « Pour un rien, disait-il, ils vous donnent du bouillon ; ne veulent-ils pas me soigner comme un monsieur ! Laissez-moi faire » ; et il demandait au Frère infirmier un remède dont la nature inoffensive pouvait exciter le sourire, mais auquel il attribuait, d'après l'expérience qu'il en faisait, une vertu souveraine. Plusieurs fois, on le crut en danger de mort et on lui administra les derniers sacrements. Mais lui, toujours calme, se contentait de dire : « Si le bon Dieu veut me prendre, je le veux bien. — Etes-vous prêt, lui disait-on, à guérir ou à mourir ? — J'aime autant l'un que l'autre, répondait-il. Si le bon Dieu ne me trouve pas assez préparé, j'aimerais qu'il me laissât encore sur la terre, sinon, je veux bien partir. » La persuasion où l'on était de sa sainteté, jointe à la crainte qu'on avait de le perdre, provoquait de toutes parts d'ardentes prières. Car il était regardé comme un second Alphonse Rodriguez, et l'un des directeurs de congrégation avait dit de lui à ses congréganistes réunis à la chapelle, qu'il était la bénédiction du collège et que lui disparaissant, avec lui disparaîtrait son plus ferme soutien. Tant de vœux qui montaient au ciel pour obtenir qu'il vécût longtemps encore précipitaient-ils sa guérison, il est difficile de ne pas l'admettre. Toujours est-il que ceux qui le croyaient à l'agonie se trouvaient bien étonnés de le retrouver, deux ou trois jours après, debout et à son poste. « Ils ont été trop vite en besogne, ces infirmiers, disait-il alors, ils m'ont fait donner l'Extrême-Onction, comme si j'allais mourir. Bast! avant le grand départ, il faut souffrir bien davantage. »

Il concluait donc un nouveau bail avec la vie et revenait silencieux à ses occupations précédentes, comme si rien d'extraordinaire ne s'était passé. C'est là dans sa porterie, où il s'est tant sanctifié et où par ses vertus il a tant contribué au salut des autres, qu'il serait bon de saisir au vif le saint vieillard, pour graver dans l'esprit de nos lecteurs sa douce image. Mais ce sera, croyons-nous, suppléer à cette peinture que d'évoquer ici même les impressions d'enfance d'un homme dont le petit séminaire de Sainte-Anne apprécie depuis vingt ans et plus les lumières et le dévouement.

Nous demandons à M. l'abbé Le Digabel la permission de reproduire ses propres paroles : « Quel bonheur pour moi de ramener mon esprit vers ces heureux temps du collège Saint-François-Xavier où, deux fois par jour, nous pouvions, en passant, saluer le bon Frère Yvon sur son établi! Plus que d'autres, j'avais mes petites entrées dans sa conciergerie, car j'étais tout voisin du collège. Que de fois me suis-je arrêté avec des camarades, pour entendre quelques avis un peu sévères qu'il se permettait de nous donner ! Je n'oublie pas non plus ces moments où, d'humeur écolière, nous formions un petit groupe dans le vestibule étroit qui précède la porterie, afin de surprendre le Frère Yvon endormi ou de voir sa tête, cédant au sommeil, s'incliner par secousses régulières, tandis que sa main, guidée par l'habitude, enfonçait dans l'étoffe une aiguille mal assurée. Et de rire alors, et le bon Frère de s'éveiller brusquement, et de reprendre l'ouvrage pour succomber encore peu d'instants après. Il ne nous en voulait guère et se contentait de dire : Allez-vous-en, il fait plus beau sur la Rabine. Aujourd'hui, après 25 ans, ce souvenir a je ne sais quel charme qui m'aide à me représenter cette physionomie austère et pourtant pleine de douceur, cette parole à la fois pleine de rudesse et de bonté, et cet air enfin qui nous rappelait, à nous petits enfants du quartier, les traits du saint Père Le Leu.

« En grandissant, l'espièglerie, qui d'abord nous retenait en face du Frère Yvon, se changeait en une sorte de respect et de vénération. On faisait silence en passant près de lui, on le saluait, on lui glissait de temps en temps ce petit mot : Priez pour moi. Et le bon Frère acceptait, et dans ses allées et venues, il récitait pour nous son chapelet. Je ne sais pas, mais il me semble que le Frère Yvon était pour beaucoup dans le bon esprit qui nous animait alors. Et quand l'heure du tant redouté baccalauréat était proche, vous ne vous imaginez pas comme on devenait insinuant près du bon Frère. Il s'agissait d'obtenir une grande faveur. Et on lui parlait de Sainte-Anne, des jours qu'il y avait passés avec le Père Le Leu, du plaisir qu'il avait à y retourner en pèlerinage. Puis, le bon moment arrivé, on lui disait : Frère, un pèlerinage pour mon baccalauréat assurerait mon succès. La permission obtenue, le Frère Yvon faisait à pied, avant l'aurore, ce béni pèlerinage de Sainte-Anne. Quelques jours après, c'était l'heure du triomphe ; aujourd'hui c'est l'heure de la reconnaissance. »

Une des joies du bon Frère que nous n'avons pas encore rappelée, était de s'entretenir avec le P. *Jeantier* des souvenirs du P. Le Leu et de lui redire quelques-unes de ses bonnes paroles, que « *l'apôtre des petits enfants* » faisait valoir ensuite avec son zèle ordinaire.

En voici deux ou trois que le Frère Yvon avait recueillies et que la biographie publiée par le P. Guidée ne mentionne pas :

Une personne de haute piété avait ouvert au P. Le Leu la porte de l'église : « Que votre bon ange, lui avait dit le saint homme, vous ouvre la porte du paradis, comme vous m'avez ouvert les portes de l'église. »

Et pourquoi donc, lui demandait un visiteur, pourquoi ne confessez-vous jamais que des vieux et des vieilles ? « Mais parce qu'ils entreront les premiers en paradis et prieront plus tôt pour moi. »

Monté en chaire, le P. Le Leu disait au commencement de ses discours : « Toi, mon bon ange, viens ici ; toi, démon, va-t-en » ; et après avoir fait sourire son auditoire, il finissait par le faire pleurer.

Enfin, nous ne voudrions point, tout en les abandonnant au jugement du lecteur, omettre certains faits extraordinaires qui ne laissent pas que d'éclairer d'une nouvelle lumière la vie du Frère Yvon.

C'est lui, en effet, qui avait confié au P. Jeantier qu'ayant accompagné au château de Limoges (situé dans la ville de Vannes) le Père qui devait assister Mme Le Mintier à ses derniers moments, il avait entendu au-dessus de la maison, au moment de la mort de cette dame, modèle accompli de charité, une harmonie ravissante et céleste. Il était environ deux heures du matin. D'après lui, les anges seuls étaient les auteurs de cet admirable concert, et toute autre explication lui semblait physiquement impossible.

Une autre fois, c'était encore au milieu de la nuit et au retour d'une visite faite à un mourant par le Père auquel il servait de socius. L'un et l'autre, le Père et le Frère venaient de franchir la porte Saint-Vincent et allaient prendre le chemin qui conduit au collège Saint-François-Xavier, quand, à l'angle de la rue, en face du port, se dressa devant eux, à la clarté d'une lune sans nuages, une femme dont la taille gigantesque semblait diminuer au fur et à mesure qu'elle se rapprochait des deux voyageurs ; l'expression de ses regards avait la vivacité de la flamme, sa marche tortueuse était des plus étranges. « Mais c'est une femme en état d'ivresse », se dit *en lui-même* le Père qui venait d'invoquer son ange gardien. Et cette femme de répondre en passant à cette pensée intime : « Vous croyez que je suis ivre : non, je ne le suis pas, je souffre, et voilà tout ». Le Père et le Frère rentrèrent au collège en silence et sans se communiquer les impressions qu'ils avaient pu ressentir l'un et l'autre. Mais le lendemain matin : « Eh bien, Frère Yvon, demanda le Père, que pensez-vous de notre rencontre nocturne ? — Je pense, répondit-il, que si l'on nous disait que nous avons vu le diable, il ne faudrait pas affirmer le contraire ; car toute la nuit ça a saboté sous ma fenêtre. »

Ce n'est pas la seule fois, d'ailleurs, que le Frère Yvon se crut l'objet de poursuites diaboliques. Il a bien souvent assuré au P. Le Leu et à ses supérieurs que le démon, loin de le laisser tranquille, le tourmentait quelquefois pendant des nuits entières et s'efforçait de jeter l'effroi dans son âme par des apparitions qui cessèrent dès qu'on eut recours aux exorcismes.

Mais voici un fait plus singulier et qui fut connu de plusieurs Pères, le jour même où il se passa :

Le R. P. Ferdinand Chevalier, si aimé des pauvres de la ville de Vannes, venait de mourir au collège [1]. Ce Père avait toujours eu pour le Frère Yvon une profonde vénération, et ne manquait guère, lorsqu'il sortait de la maison ou y rentrait, soit de dire un petit mot au bon Frère, soit de lui envoyer à travers les vitres de sa porterie un joyeux salut et un gracieux sourire. Le Frère Yvon, de son côté, avait coutume de répondre à ces amabilités en agitant la tête par deux ou trois fois au-dessus de son ouvrage. Trois semaines à peu près s'étaient écoulées depuis la mort du P. Chevalier, lorsque, vers les neuf ou dix heures du matin, le Frère Yvon, assis sur son établi, aperçoit ce même Père qui, semblant venir du dehors, lui faisait signe de lui ouvrir la porte. Le Frère, stupéfait, tire le cordon, s'élance hors de sa porterie, et l'appelle de toutes ses forces ; mais le Père continuait son chemin et traversait à grands pas la petite cour d'entrée. Le Frère Yvon redouble de vi-

---

1. Le Père Ferdinand Chevalier était né le 6 janvier 1819, à Fougères, dans le diocèse de Rennes. Entré dans la Compagnie de Jésus le 6 novembre 1840, il passa du noviciat de Saint-Acheul au collège de Brugelette. En 1848, il revint en France pour achever à Laval ses études de théologie. Arrivé à Vannes dès 1850, il prit une part active à la fondation du collège Saint-François-Xavier, où il est mort le 27 novembre 1864, laissant après lui le souvenir d'un admirable dévouement.

tesse dans sa marche, il poursuit le Père et dans la cour et dans les longs corridors du rez-de-chaussée, le voit monter le grand escalier et le monte après lui, pénétrer dans les appartements du R. P. Recteur et y pénètre à son tour.

« Mon Père, s'écrie alors le Frère Yvon tout haletant et épuisé de la course qu'il vient de faire, où est donc le P. Chevalier ? »

Le R. P. Martin, qui n'a rien vu, et qui ne s'explique ni le langage, ni l'état présent du Frère, lui demande ce qu'il veut dire, ce qu'il a, et, après son récit, lui promet pour l'âme de celui qui lui est apparu des prières et des messes.

Plusieurs autres fois encore, le Frère Yvon aurait vu le P. Chevalier, mais dans des situations différentes, et l'aurait entendu se plaindre qu'on ne priât pas assez pour lui, jusqu'à ce qu'un jour, mais peu de temps après, il pût dire à l'un de ses Frères : « L'âme du P. Chevalier, je le sais, est enfin au ciel ».

C'est ainsi que le Frère Yvon s'acheminait peu à peu vers sa fin, au milieu des épreuves et des bénédictions, fidèle, même dans la vieillesse la plus avancée, à cet esprit de mortification et de dévouement qui lui avait concilié la vénération de ses Frères. Bien des témoignages se réunissent pour affirmer qu'il eut le pressentiment de sa mort. Il avait dit, une quinzaine de jours auparavant, à un domestique qui lui reprochait de trop encombrer une table de la cuisine avec la vaisselle de ses pauvres : « Je ne vous embarrasserai plus longtemps désormais ». Selon les uns, il aurait répondu à ceux qui lui demandaient si l'on ferait bientôt ses suffrages : « Non, je ne mourrai pas encore », et aurait mis en avant une date plus ou moins approximative. Selon d'autres, une religieuse Ursuline, alors récemment décédée, lui aurait fait connaître d'une manière précise l'époque de sa mort. Nos recherches sur ce point ne nous ont pas fourni de preuves assez convaincantes pour en dire davantage.

Quoi qu'il en soit, le Frère Yvon, tout en s'affaiblissant avec l'âge, paraissait devoir vivre encore quelques années, quand, le samedi soir 13 mars 1869, il tomba pour ne plus se relever, victime de l'imprudence d'un domestique. Ce dernier était occupé à servir les élèves pendant leur souper. Tout à coup, un plat à la main, il s'élance avec une folle vitesse, du réfectoire à la cuisine. Mais au détour du grand corridor, dans l'étroit couloir qui y conduit, il heurte dans sa course le Frère Yvon qui, en ce moment, sortait du réfectoire des Pères. Il le renverse et tombe avec lui si malheureusement, que le pauvre Frère reste sur le sol, baigné dans son sang, le front largement ouvert par les débris aigus du plat qui s'était brisé en mille morceaux. Quand on releva le Frère Yvon, il était sans connaissance, et on le transporta à l'infirmerie. A force de remèdes et de soins, il revint à lui, après trois quarts d'heure d'évanouissement. Sa blessure une fois pansée, le cœur réconforté par quelques cordiaux, le bon Frère se croyait déjà ressuscité et disait en soupirant : « Cependant, j'aurais bien voulu mourir ! » Pères et Frères, tout le monde se flattait dès lors que cette chute n'aurait pas d'autre conséquence ; mais, le lendemain, une réaction fâcheuse se produisit dans l'état du malade et ne laissa plus d'espoir. L'Extrême-Onction lui fut alors administrée. Le lundi seulement, le Frère Yvon retrouva sa connaissance et reçut la sainte Communion avec une admirable piété. « Êtes-vous heureux avec le bon Dieu ? » lui demandait le Père qui était à ses côtés. Un rayon céleste illumina son visage et, le regard tourné vers le ciel, il répondit : « Oh ! oui, mon Père ». Pendant que celui-ci l'aidait encore à faire son action de grâces, le bon Frère l'interrompt tout à coup : « Mon Père, c'est aujourd'hui lundi ; a-t-on pensé aux pauvres ? — Je le crois, lui dit le Père ; mais, pour vous faire plaisir, je vais m'en assurer ». A son retour, il annonce au Frère Yvon qu'il a vu faire devant lui la distribution accoutumée : « C'est bon », ajoute le charitable Frère. Ces paroles à peine achevées, il retomba dans une sorte d'inertie, dont il ne sortit plus qu'à de rares intervalles, où il parla encore de son désir d'entrer bientôt au Paradis. Le mardi 16 mars 1869, ce désir se réalisait sans doute, car, à la première nouvelle de sa mort, un brave habitant de la ville de Vannes s'était écrié : « En voilà un qui est parti sans s'arrêter sur la route ! » Humble jusque dans le tombeau, le Frère Yvon avait dit un jour à un Père qui lui promettait de célébrer, pour le repos de son âme, un certain nombre de messes : « Non, les messes je ne les mérite pas ; vous réciterez seulement trois *De Profundis*, c'est assez pour moi ». Cette humilité, Dieu permit qu'elle fût exaltée au jour de ses funérailles. M. Fouchard, vicaire général, voulut les présider. Des élèves du collège demandèrent à porter son cercueil, mais ne purent l'obtenir. Riches et pauvres lui firent cortège jusqu'au cimetière de Vannes, où il repose au milieu des Pères et des Frères qu'il avait tant aimés et qu'il avait si bien servis.

La charité privée lui a élevé un tombeau sur lequel a été gravée cette épitaphe :

IHS.

Ci-gît

Le Frère
Yvon Guyonwarch,
de la Compagnie de Jésus,
portier pendant 40 ans
dans la maison des Jésuites
de Vannes,
né à Kervignac le 20 octobre 1785,
mort le 16 mars 1869.
R. I. P.

> Veillez et priez à toute heure.
> Heureux le serviteur
> que son maître, quand il est venu,
> et qu'il a frappé à la porte,
> a trouvé agissant ainsi !
> S. Luc, xii, 43.

C'était la pensée éloquemment développée par le R. P. de Beuvron dans la chapelle du collège, peu de jours après la mort de ce bon Frère. Prêchant, le 19 mars, le panégyrique de saint Joseph, qu'il avait représenté comme un type de fidélité, il avait rappelé avec un émouvant à-propos le souvenir du Frère Yvon, et lui avait appliqué, comme à son héros, la parole des Saints Livres : « *Vir fidelis multum laudabitur*. Louez, louez encore l'homme fidèle ; vous ne le louerez jamais assez ».

Cet éloge, il a été et il est toujours dans la bouche des nombreux pèlerins qui ne cessent de porter sur la tombe du bon Frère des fleurs et des prières. Il sera à jamais consacré par ces paroles d'un vétéran de la Compagnie de Jésus : « Puissions-nous trouver des Frères aussi humbles et aussi dévoués que le Frère Yvon Guyonwarch ! J'ose dire qu'il a été humble entre les humbles, dévoué entre les dévoués ; que bien peu, même parmi les Pères, l'ont surpassé en vertus et en dévouement [1]. »

1. Lettre du R. P. Soimié. — Paris, avril 1872.

TABLE DES MATIÈRES

Avant-Propos. v

Chapitre Ier. — Yvon avant son entrée dans la vie religieuse. 1-13

Chap. II. — Montrouge, Avignon, Sainte-Anne-d'Auray, Vannes. 14-28

Chap. III. — Sa vie religieuse à Vannes. 29-45

Chap. IV. — De quelques autres particularités de sa vie ; sa vieillesse et sa mort. 46-63

LIBRAIRIE H. OUDIN, ÉDITEUR

PARIS	POITIERS
51, RUE BONAPARTE, 51	4, RUE DE L'EPERON, 4

Un Apôtre des petits enfants dans les collèges des Jésuites, par le P. Xavier-Auguste Séjourné, de la Compagnie de Jésus, 1 vol. in-18 jésus, de 462 pages, avec portraits, nouvelle édition revue, corrigée et augmentée de la biographie du FRÈRE YVON. Prix : **3 50**

Le Père Jeantier ou l'apôtre des petits enfants : *Souvenirs de Saint-Acheul, de Fribourg, du Passage, de Turin, de Bruxelles et de Vannes,* par le Père Xavier-Auguste Séjourné, de la Compagnie de Jésus, un vol. in-12 de 275 pages. Prix : **2 »**

La Couronne des saints Anges, suivie du *Memento* et de la *Tente*, par le R. P. Jeantier, de la Compagnie de Jésus, brochure de propagande. Prix : **» 15**

La douzaine. **1 50**

Le cent. **12 »**

Le Frère Yvon Guyonwarch, de la Compagnie de Jésus, simple biographie, par le P. Xavier-Auguste Séjourné, de la même Compagnie. Prix : **» 60**

www.ingramcontent.com/pod-product-compliance
Lightning Source LLC
LaVergne TN
LVHW020941090426
835512LV00009B/1659